AF597209

LES

PROMIS DE GUIPAVAS

In-8° 5° série.

— Vous, mes enfants, dit-il en reconnaissant Guéguen et son neveu; quelle surprise!

EUGÈNE PARÈS

LES

PROMIS DE GUIPAVAS

SCÈNES DE MŒURS BRETONNES

LIBRAIRIE DE J. LEFORT

IMPRIMEUR, ÉDITEUR

LILLE
rue Charles de Muyssart, 24

PARIS
rue des Saints-Pères, 30

LES

PROMIS DE GUIPAVAS

I

Le pardon.

Sur la route de Paris, presque entre Brest et Landerneau, est le gros village de Guipavas.

Si l'origine de ce bourg breton se perd dans la nuit des temps historiques, si elle date de quelque cent ans seulement, c'est ce que nous n'avons pas mission de rechercher ici. Une église assez peu gracieuse quoique nouvellement restaurée, deux places ornées d'arbres rigoureusement uniformes, une ancienne chapelle, et, autour, groupées dans un désordre pittoresque, cent ou cent cinquante maisons, presque toutes des auberges, voilà Guipavas.

Nous ne parlerons pas des nombreux manoirs, des villas coquettes, disséminés sous la feuillée ou assis au bord des ruisseaux ; c'est au bourg même que nous entraînent les péripéties de cette histoire.

En somme, c'est un assez triste séjour où la vie s'écoule paisible et uniforme, sans autre distraction que le passage des diligences, sans autre passe-temps que ces interminables cancans qui sont la plaie des petits endroits.

Or, le premier dimanche de mai 1855, Guipavas s'était réveillé tout gai, tout papillottant, se reconnaissant à peine sous les drapeaux et les tentures qui pavoisaient l'église et la mairie, les guirlandes de lierre et les branches fleuries qui ornaient toutes les maisons.

C'était le jour du *pardon*.

De Landerneau, de Brest, de toutes les bourgades voisines, des milliers de visiteurs, bravant intrépidement le soleil et la poussière, accouraient pleins de joie et de gaieté tumultueuse. Sur la route, sur les places, les marchands forains élevaient leurs blanches baraques de toile; dans les auberges, on riait, on chantait; le cidre et le *vin de feu* (1) coulaient à flots, les *bombardes* et les binious mêlaient leurs accents discordants, préludant déjà aux danses du soir; bref l'animation était à son comble.

Parmi les visiteurs accourus de plusieurs lieues à la ronde pour fêter ce jour mémorable, on remarquait une cinquantaine d'individus qui s'étaient abattus sur le *pardon* comme en place conquise; ils étaient de toutes les parties, de toutes les *batteries*. Rien qu'à les voir, le berret crânement posé de travers, la pipe d'un coin de la bouche, la chique de l'autre, on devinait qu'ils avaient de l'argent plein les poches, du contentement plein le cœur.

— Les matelots du *Glorieux!* disait-on de tous côtés.

En effet, c'était une partie de l'équipage du *Glorieux* récemment arrivé des mers de Chine.

Comme ils y allaient, ces braves matelots prenant les cabarets à l'abordage, bousculant les terriens sans même crier gare! se livrant sans vergogne à la joie la plus bruyante.

Et la foule s'écartait sur leur passage, souriant même avec indulgence aux écarts de la troupe en goguette : qui dans la presqu'île Armoricaine n'a

(1) Eau-de-vie.

pas un fils, un frère, un cousin, ou tout au moins un ami dans la marine ?

— Les pauvres enfants s'amusent, disait-on; laissons-les faire, leur vie est si dure !

Celui qui menait le branle-bas, qui criait le plus haut était un jeune *appointé* (1) de vingt à vingt-deux ans tout au plus. Petit, trapu, il semblait taillé dans un bloc de chêne, tant il avait les épaules larges et carrées, les membres musculeux. Sa bonne et grosse figure aux traits énergiquement colorés par le soleil des tropiques respirait la joie et le contentement. Il donnait le bras à un grand et maigre quartier-maître à peine plus âgé que lui, mais grave comme un notaire. Les autres suivaient à l'aventure riant et chantant.

— Allons-nous nous en faire du bon sang !

Soudain ils s'arrêtèrent devant un de ces manèges de chevaux de bois sans lesquels il n'est pas de fête aux environs de Brest.

Une idée nouvelle venait sans doute de passer par la tête du petit appointé, car, quittant le bras de son maigre compagnon, il marcha droit au propriétaire du manège.

— Combien qu' t'as de places sur ton bazar ? lui demanda-t-il brusquement.

(1) Grade intermédiaire entre celui de simple matelot et celui de quartier-maître.

L'industriel en plein vent le regarda un instant, ouvrant de grands yeux ; mais, voyant que le jeune homme parlait sérieusement et habitué d'ailleurs aux excentricités des marins, il répondit après un court calcul :

— Cinquante sur les chevaux et autant dans les voitures.

— Bon, à un sou la tournée, ça fait la pièce ronde.... Toi, file te lester la *cale* dans le caboulot du coin ; tu rappliqueras au coup de sifflet. J'mets le grappin sur ta boutique.

Inutile de dire que les marins, qui avaient compris le plan de leur jeune camarade, applaudissaient des deux mains.

— Allons-nous nous en donner! répétaient-ils.

Cependant, comme il arrive toujours en pareil cas, l'incident avait eu des témoins, et la foule, sans cesse grossissante, affluait autour du manège.

Alors le jeune appointé se hissa dans une voiture, et, arrondissant ses deux mains en guise de porte-voix, cria à tue-tête :

— Embarque!... embarque!... C'est pour rien aujourd'hui ; le marchand fait crédit....

Et la foule riait, et les marins, qui comptent des parents et des amis partout, aidaient gracieusement leurs connaissances à *embarquer* dans les voitures, ou à s'*affaler* sur le dos des paisibles coursiers de bois. Pour compléter le tableau, un matelot avait pris les cymbales, un autre tapait sur la grosse caisse, tandis qu'un troisième arrachait des profondeurs de l'orgue de Barbarie des accents à étourdir un sourd.

C'était un charivari indescriptible que dominait pourtant la voix du petit appointé toujours huché dans sa voiture.

— Embarque!... embarque! criait-il de toute la vigueur de ses poumons.

— Hardi, Goulven! appuyaient les autres.

Au même instant une femme, une paysanne des environs, qui avait suivi avec un intérêt curieux la scène que nous venons d'esquisser, se précipita en avant en jetant un cri :

— Yannik!... mon petit Yannik!...

— La tante Créach! s'écria l'appointé qui ne fit qu'un saut de la voiture où il gesticulait dans les bras de la bonne femme.

Celle-ci le contemplait avec une sollicitude toute maternelle.

Ecartant de la main les boucles de cheveux éparpillées sur le front bronzé du jeune marin, elle reprit avec un sourire radieux :

— Mon petit Yannik... c'est donc toi?... Comme il y a longtemps que je ne t'ai vu!...

Mais embrasse donc ta cousine Marianna.

— Ma cousine! répéta Yannik Goulven qui s'arrêta surpris devant une jeune fille de dix-huit à dix-neuf ans à peine, charmante sous ses habits bretons où dominait le bleu qui, dans nos campagnes, est la couleur du deuil en même temps que celle de l'espérance.

Une coiffe de fine batiste ornée de broderies encadrait le visage sérieux et réfléchi de la jeune Bretonne, ne laissant voir qu'un étroit bandeau de cheveux noirs et lustrés. Ses yeux, grands et veloutés, avaient une expression indéfinissable de mélancolie. Quoique bien jeune encore, on voyait que de grandes douleurs avaient pesé sur son existence.

Yannik, tout ébloui, ne pouvait que tourmenter son berret en répétant :

— Ma cousine... ma cousine Marianna....

— Sûrement, répondit la tante, la propre fille de mon frère ; et, quoique tu ne sois mon parent que du côté de Créach, elle n'en est pas moins ta cousine à la mode de Bretagne.

— Vous avez donc oublié l'oncle Perrot qui vous faisait sauter sur ses genoux quand vous veniez à la ferme du Folgoët? demanda la jeune fille avec un doux sourire.

— Non, mademoiselle Marianna, je n'oublie pas

ceux qui m'ont aimé, et, puisque ma tante le permet....

En même temps, il s'avança, les bras arrondis, une jambe rejetée en arrière, vers la jeune fille qui lui tendit son front rougissant.

La tante Créach regardait en souriant.

— Tu viens avec nous? demanda-t-elle.

— Parbleu! je ne serais pas fâché de courir un bord avec l'oncle Créach, histoire de renouveler connaissance. Mais pourquoi n'est-il pas ici?

— Tu le verras tout à l'heure.

— Filons alors.

— Un instant! interrompit le grand quartier-maître en désignant le propriétaire du manège, qui assistait impassible à l'invasion de son bien par les matelots. Et ce paroissien?...

— T'as raison, Guéguen.

Et fouillant rapidement dans ses poches, le jeune marin jeta une poignée de monnaie à l'industriel en plein vent.

— Veille au grain et vérifie si ton compte y est, lui dit-il.

— Mais, répondit cet homme ébloui, vous me donnez là trois fois ce que vous me devez.

— Garde le reste pour tes mioches alors. Faut bien que chacun vive.

Et, tandis que le manège tournait avec une vélocité fantastique, que l'orchestre improvisé rugissait ses accords, que les matelots riaient et chantaient, il fit un signe à son ami Guéguen et courut rejoindre la tante Créach et Marianna qui s'éloignaient déjà.

II

Les orphelins.

Tandis que Goulven, ayant Marianna à son bras, la tante à ses côtés et Guéguen sur les talons, courait — suivant son expression pittoresque — des bords dans le *pardon*, donnons ici quelques détails qui feront mieux comprendre les faits qui vont suivre.

Disons d'abord en peu de mots ce qu'était le jeune appointé ; après nous parlerons de Marianna.

Yan ou Yannik Goulven était un enfant de Brest. Tout jeune, il avait éprouvé cette passion de la mer qui sévit comme une épidémie dans nos ports de guerre. Fils d'un ancien pilote, cousin, neveu de francs matelots, il ne comprenait l'existence qu'entre ciel et mer ; aussi, à peine âgé de treize ans, il avait sollicité de son père la permission de s'embarquer comme mousse.

Le bonhomme Goulven hésita longtemps. Mais, outre qu'il se faisait vieux déjà, il était veuf et éprouvait de grandes inquiétudes sur l'avenir réservé à son fils; il comprenait que sa vocation était sincère, irrésistible, qu'il pourrait l'entraver mais non l'arrêter, et il céda.

— Que la volonté de Dieu s'accomplisse, dit-il en se découvrant pieusement à ce nom sacré ; mieux que moi il sait ce qui convient au gars.

Un vieux maître de manœuvres en retraite se chargea des démarches nécessaires, et, six mois après, le jeune Yannik entrait à l'école des mousses. A seize ans, il en sortait en qualité de novice ; deux ans après, il était matelot de troisième classe.

Sur ces entrefaites, le vieux pilote avait cessé de vivre. Alors la vie d'Yannik fut celle de tous les marins, un mélange continuel d'abondance et de privations, de misères sans nom et de folles prodigalités, existence bizarre pleine de dangers et de poésie sauvage, telle enfin que la comprend le vrai matelot.

Au moment où nous le retrouvons, Yannik revenait des mers de Chine où son navire avait stationné quatre ans. A peine arrivés, les hommes avaient touché leur *décompte* (1) et une partie de leur solde; car à la mer on ne paie qu'un mois sur trois; c'est ce qui explique pourquoi ils étaient si joyeux ; ils avaient de l'argent plein les poches.

De même que son cousin, Marianna Perrot était orpheline ; elle devait l'existence à de braves et honnêtes cultivateurs qui exploitaient une petite ferme aux environs de Lesneven.

Dieu ne leur avait donné qu'une seule fille, la joie et l'orgueil de leur pauvreté. Pour elle, ils rêvaient une existence tranquille et assurée ; eux qui n'avaient rien, ils se prenaient parfois à souhaiter la fortune, pensant que leur fille serait plus heureuse si elle était riche et enviée.

La richesse pour un paysan breton, c'est tout juste le nécessaire.

— N'essayons pas de sortir de notre position, disait souvent Perrot ; mais employons toute notre énergie, tout notre courage à l'améliorer. Marianna, un jour, récoltera ce que nous aurons semé.

Dieu sembla d'abord favoriser ce dessein légitime. Sous les efforts intelligents et persévérants de Perrot, la petite ferme rapportait chaque jour

(1) Retenue mensuelle de douze francs. L'excédant de cette somme consacrée à l'habillement, est payé chaque année aux matelots ou à leur famille, quand ils laissent procuration pour cela.

davantage. Hélas! au moment où les deux époux croyaient toucher au port, la mort les guettait traîtreusement.

C'était en cette fatale année de 1853, pendant laquelle le choléra étendit ses ravages sur le Lesnais tout entier. Perrot, frappé un des premiers, succomba bientôt, laissant sa femme atteinte du mal terrible.

La tante Créach, appelée en toute hâte, se pressa d'accourir à la ferme du Folgoët (1). En dépassant le seuil de l'humble demeure, elle vit la jeune fille agenouillée devant un lit tendu de noir.

— Ton père? dit-elle simplement.

— Mort! répondit Marianna en levant sur elle ses grands yeux noyés de larmes.

La bonne femme, frappée au cœur, chancela et serait tombée si Marianna ne s'était élancée pour la soutenir. Une autre question, plus terrible encore, se présentait. Pourquoi sa belle-sœur, la mère de Marianna, n'était-elle pas là? La tante Créach connaissait trop bien sa sœur pour douter d'elle un seul instant : si la malheureuse n'était pas au chevet de son mari, c'est que...

Elle n'osa s'arrêter à cette pensée.

— Ta mère? dit-elle d'une voix rauque.

(1) *Folgoët*, c'est-à-dire le « fou du bois. » C'est un petit village situé près de Lesneven, et célèbre par sa magnifique église.

Sans répondre, Marianna désigna un autre lit d'où partaient des gémissements étouffés, parfois le murmure d'une prière.

Son père n'était plus depuis la veille, sa mère agonisait....

— Comment, pas un ami, pas un voisin! fit la bonne femme effrayée de ce dénûment horrible.

— La mort est partout, murmura Marianna.

Puis elle retomba dans son attitude morne et affaissée, la tête ensevelie dans ses deux mains, n'entr'ouvrant les lèvres que pour prier.

— Que la volonté de Dieu soit faite! murmura la bonne femme. Le pauvre Perrot sera plus heureux là-haut. Moi, je connais mon devoir....

Elle s'agenouilla devant le lit funèbre et revint près de la mourante, essayant de la consoler par ses douces exhortations, de la réconforter par ses promesses.

Trois jours après, la mort avait complété son œuvre, et la tante Créach quittait la ferme du Folgoët emmenant par la main une enfant vêtue de deuil.

— Nous n'avions pas d'enfant, dit-elle à son mari, et voilà que Dieu nous en donne une.

Le bonhomme Créach tira sa pipe de sa bouche et considéra un instant la pauvre orpheline.

— Elle sera notre fille, dit-il simplement.

Voilà pourquoi Yannik Goulven avait témoigné

tant de surprise en retrouvant près de sa tante cette cousine dont il avait oublié jusqu'au souvenir.

Cependant, tandis qu'ils parcouraient le *pardon*, la bonne tante ne cessait de contempler ce neveu si inopinément retrouvé; depuis près de quatre ans qu'elle ne l'avait vu, que de choses à lui dire!...

— Quelle sera la joie du pauvre vieux en te revoyant, toi, le fils de sa sœur, toi qu'il croyait perdu à jamais! disait-elle en entraînant Yannik. Oh! c'est un bien beau jour pour nous.... Nous avons tant prié pour toi....

Yannik ne répondit pas; il sentait ses yeux se mouiller de douces larmes, tout son être frémir. Il faut avoir vécu de longues années, seul, isolé, sevré des douces affections de famille, pour comprendre, pour sentir tout le charme d'une telle réunion.

La tante, elle, babillait toujours comme un traquet de moulin.

Soudain le jeune homme s'arrêta. En face de lui, appuyé contre le mur de l'ancien cimetière, il venait d'apercevoir un vieillard, qui, son *penn baz* (1) attaché à son poignet par une lanière de cuir, les yeux brillants d'une douce satisfaction,

(1) Bâton à tête.

contemplait le tableau animé qu'offrait alors l'ensemble du *pardon*.

Malgré ses cheveux blanchis, les changements apportés par les années dans la physionomie du vieillard, les rides qui creusaient son front, Yannik ne s'y méprit pas : c'était Loëiz Créach, c'était son oncle.

— Oh ! s'écria-t-il en saisissant les mains du bonhomme qu'il pressa énergiquement dans les siennes, comment qu'ça navigue par ici?...

Loëiz Créach releva la tête et fixa son œil tranquille sur le jeune homme comme pour lui demander :

— Qui êtes-vous?...

— Eh ! mon oncle, reprit le jeune marin, il paraît que vous avez l'entendement un peu chaviré.... La tante n'y a pas mis tant de façons.

Marianna et sa tante s'efforçaient de ne pas sourire.

Déjà le bonhomme était fixé.

— Yannik !... Yannik !... s'écria-t-il d'une voix que l'émotion faisait vibrer. Ah ! sois le bienvenu, mon garçon....

— J'y compte bien, mon oncle, et, puisque les amis des amis sont des amis, v'là mon matelot Guéguen que j' vous présente.

Loëiz tendit la main au quartier-maître en signe

de bienvenue, et reprit après une courte pause :

— Maintenant que la bonté de Dieu nous a réunis, nous ne nous quitterons pas de sitôt.... Mais les vêpres sonnent....

— Eh bien, conclut Yannik, allons visiter le bon Dieu et lui demander de nous accorder en *bloc* toutes les grâces qui nous sont nécessaires... pour ma part, j'en ai grand besoin.... Ne me regardez pas ainsi, *tontonnik* (1); j'ai l'air un peu vent dessus, vent dedans; mais, au fond, je suis toujours le même.... V'là mon matelot qu'est là pour me démentir si j'ai pas *largué* la vérité en grand.

Guéguen, toujours grave, opina du bonnet.

— La vérité pure, dit-il sans sourire.

— Venons alors.

Ils s'acheminèrent tous cinq vers le porche de la maison du Seigneur où la foule s'amassait déjà; car, en Bretagne, un *pardon* est, avant tout, une fête religieuse; le mot le prouve d'ailleurs.

Pendant toute la durée de l'office, la tenue des matelots édifia l'assistance entière. Ils ne se permirent pas une seule distraction, et, quand, les vêpres terminées, la foule se retira, ce fut de l'air le plus recueilli qu'ils s'arrêtèrent pour offrir l'eau bénite à la tante et à Marianna.

(1) Petit tonton. On sait que *tonton* est le synonyme d'oncle.

— Allons, murmura le bonhomme avec satisfaction, je vois que si Yannik a l'air un peu évaporé à la surface, au fond c'est toujours l'enfant pieux et aimant que j'ai connu autrefois.

III

Une bonne soirée.

Depuis qu'il sentait sous le sien le bras tremblant de la jeune fille, le *pardon* avait perdu tous ses charmes aux yeux d'Yannik. Il passait, sans les envier, auprès des autres matelots se livrant à leurs plaisirs bruyants et toujours marqués de ce cachet maritime — sel et goudron — qui fait deux folies d'une excentricité. Parfois il s'arrêtait; son œil se fixait sur le front pur et candide de la jeune fille, et il rougissait, et il balbutiait des paroles sans suite.

— Eh bien, M. Yannik, qu'avez-vous donc? disait alors Marianna.

— Oh! rien, ma cousine!...

La journée touchait à sa fin. Au loin, derrière les hauts sapins de Coataudon, le soleil s'abaissait nuançant l'horizon de teintes empourprées; l'*Angelus* sonnait au clocher du village.

— Enfants, dit alors le bonhomme Créach, nous avons un bon quart d'heure de marche d'ici la ferme, pressons un peu le pas.... Yannik, es-tu libre?

— Jusqu'au branle-bas de demain, mon oncle.

— C'est bien. Et ton matelot?

— Si vous le trouvez bon, je le garderai à ma remorque.

— Il suffit qu'il soit avec toi pour que sa présence nous soit agréable.... Allons, en route; la soupe nous attend.

Ils passaient, en ce moment, devant une des mille petites barraques établies dans tous les coins du *pardon*. Yannik s'arrêta encore; il voulait parler, et pourtant ses lèvres étaient muettes.... Enfin, il fit un effort.

— Ma cousine, dit-il à Marianna, et vous, mes bons parents, permettez-moi de vous offrir quelque petit souvenir qui vous rappellera le pauvre marin quand il ne sera plus là....

— Es-tu fou, Yannik! interrompit la tante. Comme si nous avions besoin de tous ses bibelots pour penser à toi!... Demande à Loëiz, demande à Marianna si ton nom n'est pas mêlé à toutes nos causeries, à toutes nos prières?....

— Qu'importe! insista le jeune homme; en refusant, vous me désobligeriez fort.

Cette conversation avait lieu devant la petite boutique toute brillante de croix, de bagues, de chapelets, d'images de piété, etc.... Goulven regardait indécis. Enfin, il prit une de ces affreuses bagues d'argent ornées de pierres rouges ou vertes aussi grosses que des noisettes, et allait la passer au doigt de sa cousine quand une réflexion subite le fit tressaillir.

— Non, pas cela! balbutia-t-il, on la croirait ma *promise*....

Marianna, cependant, avec ce tact et ce bon goût innés chez toute fille d'Eve, qu'elle soit paysanne ou duchesse, avait fait choix d'un chapelet aux grains rouges comme ses lèvres de corail, à la monture d'acier. Elle l'enroula rapidement autour de son poignet, et murmura en prenant le bras de son cousin :

— Voilà qui doit vous satisfaire.... Chaque soir, chaque matin, en répétant mes prières, je dirai une dizaine à votre intention, et la vue de ce chapelet me rappellera toujours le souvenir de celui qui me l'a offert.

— Vous êtes trop bonne, fit-il tout ému.

Pendant ce temps, Guéguen, le quartier-maître, avait disparu. Il revint bientôt dissimulant deux bouteilles sous son caban de laine, et murmura à l'oreille d'Yannik :

— V'là toujours de quoi s'humecter le gosier, puisque le vieux offre de quoi se *lester la cale*. Faut pas être en reste de politesse.

La tante Créach se montrant satisfaite d'un petit miroir pour sa cheminée, le vieux Loëiz ayant choisi une belle pipe de racine de bruyère, le marchand payé, on reprit incontinent le chemin de la ferme.

Les Bretons suivaient maintenant la vieille route de Kersaint-Plabennec. La nuit s'épaississait, mais la lune se levait, rouge encore, et ses rayons, glissant à travers le feuillage des grands arbres, éclairaient la route de lueurs molles et vaporeuses.

Goulven et Marianna, ayant la tante Créach à leurs côtés, marchaient les premiers, se parlant à peine, mais s'arrêtant fréquemment pour écouter le vague murmure du vent dans la feuillée, le chant d'un oiseau de nuit, ou le coassement des grenouilles dans les marais.

Le vieux Loëiz venait ensuite, appuyé sur le bras de Guéguen qui lui narrait ses campagnes.

Bientôt une faible lueur brilla derrière les arbres.

Le vieux Loëiz s'arrêta.

— Nous sommes arrivés, dit-il en poussant la légère barrière qui séparait son domaine de la route.

La ferme du *Toul-Du* (1), semblable à toutes les métairies bretonnes, se composait de trois corps de bâtiments, bas, rongés de mousse et écrasés sous le poids de leur toiture de chaume.

Le plus grand de ses bâtiments était l'habitation du fermier; les autres composaient les granges et les étables.

Devant la ferme s'étendait l'aire à battre ; derrière, un petit courtil, puis un verger.

Entrons....

Des lits clos en chêne noirci et naïvement sculpté avec leurs coffres et leurs bénitiers de faïence où trempe une branche de buis, de vastes armoires aux ornements de cuivre, un dressoir chargé de vaisselle historiée, de bassines brillantes; une table près de la fenêtre, des images de piété sur les murs, des outils, de l'herbe dans tous les coins, voilà ce qui frappe l'étranger mettant, pour la première fois, le pied dans une ferme bretonne.

Assis l'un en face de l'autre, aux deux coins de l'immense cheminée qu'éclairaient les flammes

(1) Trou-Noir.

pourpres de la lande, le vieux Fanche Nicol et Soazic, sa femme, les deux seuls serviteurs de la maison, attendaient le retour des maîtres en surveillant le souper.

— Allume une résine, Soazic, cria Loëiz en pénétrant dans la salle, et toi, Fanche, cours quérir une bonne bouteille. C'est fête aujourd'hui.

— Pas besoin de démarrer pour si peu, interrompit Guéguen qui déballa triomphalement sa marchandise. Apportez des verres seulement, mon brave homme.

Le vieux Loëiz eut un sourire d'indulgence, et, tandis que Marianna et sa tante jetaient un dernier coup d'œil sur la cuisine de Soazic, les quatre hommes, attablés les uns près des autres, le serviteur en face du maître, allumèrent leurs pipes et se mirent à causer tout en buvant à petites gorgées.

— Le souper attend, vint dire Marianna.

Déjà, en effet, la soupe fumait dans les écuelles de terre vernissée; le lard et l'andouille emplissaient le même plat, et le far de blé noir s'étalait majestueusement dans un autre. Fanche apporta encore deux bouteilles; puis les quatre hommes, après avoir récité le *benedicite*, attaquèrent le repas avec un ensemble qui faisait vraiment honneur à leur robuste appétit.

La tante, Marianna et Soazic servaient silencieusement.

— Pourquoi ne vous mettez-vous pas à table avec nous? demanda Yannik.

— Parce que, répondit l'oncle, dans les maisons qui respectent encore les vieux usages, les femmes mangent après les hommes.

— Sauf le tailleur, qui, lui, jouit du privilège de tenir compagnie au beau *sesque*, ajouta Guéguen; mais ce privilège est peu envié; car, si le proverbe a raison, il faut neuf tailleurs pour faire un homme?

— Je me moque du proverbe, moi, déclara Yannik, et je quitterai plutôt la table que de voir ma tante et ma cousine me servir comme des domestiques à gages.

Le repas terminé, les escabeaux se rapprochèrent du foyer. En dépit de la beauté des jours, les soirées étaient fraiches encore. Alors Yannik raconta son dernier voyage avec ce style imagé et naïf qui fait du marin le premier conteur du monde. Le vieux Loëiz, assis dans un coin, les yeux à demi clos, écoutait en dodelinant la tête, osant à peine fumer; la tante et Marianna interrompaient le narrateur pour lui demander des détails, joignaient les mains ou poussaient des cris d'effroi quand il leur retraçait quelque aventure émouvante ou décrivait les horreurs d'une tempête.

Toujours sérieux, Guéguen se contentait d'opiner du bonnet.

Le temps passait comme un songe au milieu de ces douces réminiscences du passé.

— Déjà dix heures ! s'écria tout à coup Goulven qui venait de jeter les yeux sur les aiguilles de la vieille horloge ; mais il me semble qu'il y a à peine dix minutes que nous sommes réunis.

— Tu crois ça ? dit le vieux Breton, étonné lui aussi d'avoir veillé si tard. Allons, il est temps de te retirer, mon gars. Embrasse ta tante et ta cousine, et en route. Moi, qui ai servi, je sais que l'exactitude est le premier devoir du matelot aussi bien que du soldat.

— Déjà !...

— Déjà ! il paraît que le temps ne t'a pas paru long ?

— Mon oncle, vous avez raison, je lève l'ancre ; mais, maintenant que je connais la route, vous me permettrez bien de revenir quelquefois ?

— Tu seras toujours le bienvenu parmi nous, Yannik ; ne l'oublie jamais.

— A dimanche alors.

— A dimanche.

Et, pour couper court aux protestations d'amitié et de dévouement qui menaçaient de durer jusqu'au lendemain, le vieux Loëiz glissa un bout de chandelle dans une petite lanterne et escorta les deux matelots jusqu'à la route de Brest.

Arrivé là, il s'arrêta.

— Adieu, dit-il une dernière fois.

— A dimanche, répondit Yannik.

La nuit était belle et tranquille. La lune, à demi voilée sous d'épais nuages, ne projetait plus qu'une lueur vague et indécise, mais qui suffisait néanmoins à éclairer la route; la brise de mer arrivait par rafales âcres et toutes imprégnées de ces mille effluves du large qui font bondir le cœur dans la poitrine du marin.

Les deux hommes marchaient l'un près de l'autre sans échanger une seule parole.

Guéguen, pour tromper les longueurs du chemin, avait allumé sa pipe et se plaisait à chasser devant lui d'épaisses bouffées de fumée.

Yannik songeait.

Ils avaient dépassé le bois de Coataudon si sombre, si mystérieux dans la demi-transparence de la nuit, et Yannik n'avait pas encore desserré les lèvres.

— A quoi qu' tu penses, matelot? dit brusquement Guéguen, que ce silence persistant impatientait outre mesure. Allons, largue à ton vieux le motif qui te met ainsi la boussole à l'envers.

— A quoi je pense?... Le sais-je seulement!... murmura Yannik. Tiens, matelot, tu vas rire... eh bien, il y a des moments où je crois que je ferais bien de me marier....

Guéguen eut un soubresaut tel, que sa vieille pipe de terre, sa pipe supérieurement culottée, en tomba sur le chemin.

— Hein! quoi! exclama-t-il sans penser à en ramasser les débris.

Mais il s'arrêta et reprit en haussant les épaules :

— Après tout, si c'est ton idée?... Enfin, qui vivra *voira*....

Ils avaient atteint le Pont-Neuf. Une heure après, ils débouchaient sur les quais de Brest, d'où une chaloupe les transporta à bord du *Glorieux* encore mouillé sur rade.

IV

Indécisions.

A dater de ce jour qui parut opérer une véritable révolution dans sa vie, le jeune appointé multiplia ses visites à la ferme du *Toul-Du*. Chaque fois que son service lui laissait quelques loisirs, vite, il courait, seul, ou accompagné de son fidèle matelot, chez ses vieux parents.

Ceux-ci souriaient, car ils comprenaient que ce n'était pas uniquement pour eux que le *cher neveu* faisait tant de frais; mais, avec cette indulgente bonté qui forme le fond du caractère des vieillards, ils s'en réjouissaient.

Si Marianna était leur fille d'adoption, ils n'en ressentaient pas moins de tendresse pour Yannik, le fils de la sœur du vieux Loëiz.

— Je crois bien, dit le bonhomme un jour que son neveu était à la ferme, je crois bien que nous aurons une noce avant de longues années.

— Tant mieux, déclara franchement la tante.

Marianna est une sainte et digne fille, et pour Yannik, malgré ses airs évaporés, c'est bien le meilleur enfant que je connaisse. Pauvres orphelins! le Ciel, après tant d'épreuves, leur doit bien un peu de bonheur.

— Attendons, conclut Loëiz en allumant sa pipe.

Et l'entretien en resta là.

La tante Créach avait bien raison d'affirmer qu'Yannik était un bon enfant et de plus un cœur aimant. Sous l'influence à la fois puissante et salutaire de sa cousine, il s'était subitement transformé au physique comme au moral. Les cabarets, la danse, tous ses grossiers plaisirs qu'enfante le désœuvrement, étaient désormais sans attrait pour lui. De peur de blesser la jeune fille, il s'était appliqué à réformer son langage trop libre autrefois, lui qui avait si souvent prêté l'oreille aux contes licencieux du *gaillard d'avant*. Chaque fois que le dimanche le ramenait au *Toul-Du*, il entendait, sans murmurer, la messe, les vêpres, trop heureux quand un doux sourire, quelques paroles bienveillantes de Marianna venaient l'encourager dans la bonne voie et le récompenser de sa soumission.

— Elle me *vire* comme une crêpe dans la poêle, disait-il souvent; elle fait de moi tout ce qu'elle veut....

Guéguen, lui, s'était vu d'emblée promu au grade de confident ; c'était à lui qu'Yannik confiait tous ses rêves, toutes ses espérances. Il s'en réjouissait; car, pour cette bonne et franche nature, tout ce que faisait son matelot était bien fait.

— Mais, lui dit-il un certain soir que, couchés dans leurs hamacs, ils s'entretenaient tous deux, voilà près d'un an déjà que, chaque dimanche, tu files, sans tambour ni trompette, ton nœud *devers* le *Toul-Du*... ne serait-il pas temps de larguer en grand toute la vérité?...

— Non, Guéguen, attendons.... D'ailleurs, j'ai mon idée.

— Alors je ravale ma chique, quoique....

— Il me semble, interrompit Yannik en baissant la voix, que si j'étais quartier-maître....

— Quoi donc?...

— Eh bien, les choses iraient toutes seules, voilà.

— Fameuse idée!... appuya Guéguen enthousiasmé. A· pas peur, matelot; ça viendra.

Et comme le vieux Loëiz, il conclut en disant :

— Attendons.

Ce grade de quartier-maître, but de l'ambition d'Yannik, ce grade tant désiré, arriva enfin; dans les derniers jours de décembre, il reçut son brevet. Décrire la joie du pauvre garçon serait impossible ; il riait, il chantait, il jubilait, et Guéguen lui-même eut toutes les peines du monde à le maintenir dans cette juste limite qui flotte entre l'enthousiasme et l'indifférence.

— Du calme, mille sabords! dit-il comme dernier argument. Mets un taquet à ta joie, mille piques d'abordage! Rien qu'à te voir ainsi vent dessus vent dedans, on te prendrait pour une *écrevisse de rempart* (1).

— Quelles étrennes!... murmurait de son côté le nouveau promu. Et les autres là-bas, vont-ils être contents?... Tiens, matelot, il me semble que les minutes sont des siècles, et dire qu'il me faut *espérer* jusqu'à demain.

— Allons, un jour est bientôt passé, et demain tu iras souhaiter la bonne année à toute la famille. Surtout, va pas mollir.

— Crains rien; je crois que j'oserai tout maintenant.

Le lendemain, qui était le 1er janvier, Goulven, ciré, astiqué, rasé de frais comme pour une noce en ville, serrait la main à son matelot et s'élançait, le cœur ému mais la lèvre souriante, sur la vieille route de Guipavas.

— Aurai-je le courage de parler? murmura-t-il dès qu'il eut dépassés les sombres portes de Brest.

(1) Sobriquet sous lequel les marins désignent les soldats de ligne.

Bah! le bon Dieu saura bien m'inspirer....

La bise du nord soufflait glaciale, la neige couvrait les chemins de ses tapis immaculés et plus blancs qu'une draperie de Fête-Dieu ; mais s'arrête-t-on à cela quand on a vingt ans, des galons bien gagnés sur les manches, du contentement plein le cœur ?

Le soir, quand le nouveau quartier-maître revint, Guéguen, les pieds dans la neige, l'attendait sur les glacis.

— Eh bien, vieux, fit-il en passant son bras sous celui d'Yannik, comment qu' ça navigue ?

Yannik secoua tristement la tête.

— Je n'ai pas eu le courage de parler, murmura-t-il.

Guéguen le considéra avec stupeur. Il ne pouvait comprendre, lui, pauvre enfant abandonné dès le berceau, lui, dont la vie n'avait été qu'un abordage continuel contre les mauvaises tentations de la misère, contre les premières nécessités de l'existence, comment son ami avait pu manquer de courage.

— Ah! ça, dit-il, je rêve, ou c'est toi qui as la berlue ?

— Non, matelot; mais c'est plus fort que moi, vois-tu. Tout le long du chemin, je prenais les plus belles résolutions, j'arrimais phrase sur phrase, discours sur discours comme un commissaire avant la paie, et, arrivé à la ferme... crac! plus rien.

» Tu ne connais pas Marianna comme je la connais!... Elle est trop belle, trop accomplie pour un pauvre diable de matelot comme moi. Peut-être en aime-t-elle un autre.... Ah! si cela était, je crois que j'en deviendrais fou.... Pourtant, je te le jure, j'aimerais mieux mourir que de lui causer la moindre peine.

Subitement Guéguen était devenu sérieux.

— A chacun son idée, dit-il; moi, je crois que je ne me marierai jamais. C'est une chose importante que le mariage et qui demande à être envisagée à deux fois, surtout par nous autres, pauvres matelots, qui ne pouvons jamais compter sur un lendemain.... As-tu songé à tout cela?

» Ah! aussi bien qu'un autre, je comprends combien il est doux d'avoir en quelque coin une femme, des enfants qui vous aiment, qui prient pour vous.... Quelle joie, quand, après une longue campagne, on met le pied sur la terre ferme, de se dire : « Je ne suis pas seul, j'ai un foyer, une famille? » Mais, à la mer, quelles inquiétudes aussi! La tempête est là qui guette sa proie... le naufrage attend.... Alors que deviendront les pauvres petits qui n'ont plus de père? quel sort est réservé à la malheureuse sans soutien?... Oui, matelot, voilà à quoi devrait penser le marin avant de s'engager dans ces liens qui sont plus difficiles à rompre que la chaîne de la maîtresse ancre.

— C'est vrai, murmura Yannik qui courba son front rêveur; tu as raison.

— Ce que j'en dis là, poursuivit Guéguen en rallumant sa pipe éteinte pendant son véhément discours, ce que j'en dis ne te regarde aucunement. Toi, c'est différent; puisque tu aimes Marianna, aime-la sans crainte, aime-la sans louvoyer : le Ciel, qui voit cette affection pure et sincère, ne peut que l'approuver. D'ailleurs, le père Créach n'est pas sans quelque bien, et, quoi qu'il arrive, sa fille adoptive ne manquera jamais de rien.... Du courage donc! acheva-t-il dans sa rude foi de marin; le bon Dieu ne serait plus le bon Dieu s'il n'avait un peu pitié de ses enfants.

— Merci, oh! merci! fit Yannik attendri; tu me rends le courage et l'espoir.

Et il ajouta avec l'accent d'une résolution inébranlable.

— Dimanche, je parlerai.

Tout en devisant, les deux matelots avaient atteint le quai. Là Guéguen héla un *chalandou* qui les passa à Recouvrance, où, depuis le désarmement du *Glorieux*, son équipage avait été versé dans la *Cayenne* ou quartier des marins.

Le dimanche suivant, Yannik se rendit au *Toul-Du*, plein de confiance dans sa résolution. La jeune fille était seule avec son oncle, et il n'osa encore parler.

Une partie du printemps se passa ainsi. A mai fleuri, revint le *pardon* de Guipavas, et, avec lui, les doux souvenirs de l'année précédente accoururent en foule. Ce jour-là, Yannik était radieux; un demi-aveu s'était échappé de ses lèvres, et à ces doux mots : « M'aimez-vous? » prononcés la rougeur au front, Marianna avait courbé la tête en répondant bien bas : — Oh! oui!

Mais de demande, point.

Ainsi, de dimanche en dimanche, le printemps entier, puis l'été s'écoulèrent, et quand Goulven reçut l'ordre d'embarquer sur la corvette *l'Eclair* qui appareillait pour une station dans les mers des Antilles, il n'en était pas plus avancé que le premier jour.

— Cette fois il faut parler, déclara avec résolution Guéguen qui, lui aussi, était de la campagne. Nous *dérapons* dans une semaine; assez louvoyé comme ça. Avant de lever l'ancre, il faut savoir à quoi s'en tenir.

C'est qu'il prenait chaudement les intérêts de son matelot, ce digne Guéguen.

— C'est aussi mon avis, murmura Yannik.

— *Lorse* et pour *lorse*, file ton nœud vent arrière; et pour t'enlever l'envie de courir une fausse manœuvre, je te croche à ma remorque.

— Guéguen, tu es le meilleur et le plus franc des matelots. En attendant, je vas courir un bord jusqu'à la chapelle de Notre-Dame de Recouvrance. Peut-être trouverai-je là le courage qui me fait défaut.

— C'est une idée.... Moi, j'ai un dernier coup d'œil à donner à mon sac. Je t'attendrai sur la grand'route, à l'auberge du *Petit-Paris*. Au contraire, si tu rallies le premier....

— Convenu.

Ils se serrèrent la main, et Yannik descendit sur les quais par la rue Borda et la rue Neuve, pendant que Guéguen retournait à son sac.

V

Fiançailles.

Ce jour-là était un des plus beaux que l'automne eût encore prodigué sur la nature. Le soleil, haut et radieux, étincelait dans un ciel foncé sans une ride, sans une tache, et ses rayons brillants venaient dorer les chaumes du *Toul-Du* et rougir les cimes tremblantes des grands chênes.

Dans les profondeurs des cieux, un corbeau, qui semblait immobile, jetait sa note discordante et de sinistre présage, seul bruit qui troublât le silence dont s'enveloppait la campagne.

A l'entour de la ferme, le paysage se déroulait hérissé de grands arbres et de larges pierres blanchâtres, comme presque tous les sites de cette partie de la Basse-Bretagne.

Trois heures du soir piquaient à l'horloge de Guipavas — comme aurait dit Yannik, — quand les deux matelots parurent devant la ferme.

Fidèle, le chien de garde, jappa joyeusement en remuant la queue, et secoua sa chaîne avec frénésie comme si, lui aussi, il eût voulu courir à la rencontre des nouveaux arrivants. A ce tapage inusité, le vieux Loëiz, sa pipe au coin de la bouche, un bâton à la main, se montra sur le seuil.

— Vous, mes enfants, fit-il en reconnaissant Guéguen et son neveu; quelle surprise!... Ce n'est pourtant pas dimanche aujourd'hui....

— Oncle Créach, murmura Yannik qui se sentait défaillir, nous partons dans une semaine....

— Quoi, si tôt! exclama le bonhomme.

— Et avant de partir, continua le jeune homme, j'ai voulu avoir avec vous un sérieux et sincère entretien.

— Peut-il se remettre ?

— Non, mon oncle; car, je me connais, si je ne parle pas aujourd'hui, demain je n'en aurai plus le courage.

Loëiz sourit, et son grand œil clair brilla de satisfaction.

— Entre alors, dit-il; nous serons plus à l'aise entre une tranche de lard fumé et une bonne bouteille de vin pour causer *affaires*.

Un nouveau et caressant sourire vint encore souligner ces derniers mots.

— Encore un instant, mon oncle, fit Yannik qui posa la main sur le bras du bonhomme. De votre réponse dépend en quelque sorte mon bonheur en ce monde. Dites *oui*, et je vous bénirai à jamais.

— Mais, au moins, puis-je savoir de quoi il est question?...

— C'est si difficile à dire!...

Et Yannik eut un triste sourire.

— Courage! lui souffla Guéguen à l'oreille. La brise adonne; c'est le moment ou jamais.

— En deux mots, poursuivit Yannik, voilà

l'affaire : J'aime Marianna, mon oncle, et je viens vous demander sa main.

— Elle est ta parente.

— Par alliance seulement, mon oncle.

Et il attendit, anxieux, troublé jusqu'au fond de l'âme, la réponse du vieux Breton.

— Enfant, dit l'oncle Créach dont la voix prit un accent à la fois grave et paternel, croyais-tu que ta tante et moi ignorions ce grand secret?... Tu nous aimes bien, Yannik ; mais les yeux noirs de ta cousine étaient l'aimant qui, le plus souvent, t'attirait à la ferme. Je ne m'en plains pas : de même que la fleur recherche le soleil, la jeunesse aime à se réchauffer à ce doux trésor d'amour que Dieu a mis dans tous les cœurs.... Ne rougis pas, Yannik ; ne rougis pas de ton amour, car il est saint et pur, car il t'élève à tous les yeux....

— Mais elle, mon oncle?... Croyez-vous qu'elle puisse m'aimer, moi qui n'ai que des défauts, quand elle est si pieuse, si accomplie?

— C'est ce qu'il faut lui demander, repartit le bonhomme en clignant des yeux.

Et imposant silence à Fidèle qui frétillait dans sa niche, il entra, suivi des deux matelots.

La tante Créach, dans un coin, brassait de la pâte pour le repas du soir. Plus loin, assise près de la petite fenêtre, en face de la table, Marianna cousait en silence, le front penché sur son ouvrage. Jamais elle n'avait paru si séduisante aux yeux de Goulven, que dans ce simple costume qui faisait si bien valoir sa rustique beauté.

Une petite coiffe de toile rousse entourait sa tête, laissant voir ou plutôt deviner la richesse de sa chevelure noire; un étroit *justin* (1), bordé d'un simple velours, emprisonnait, sans la serrer, sa taille souple et déliée, tandis qu'une jupe de futaine bleuâtre, courte et sans ornement, laissait à découvert deux pieds ni trop petits ni trop grands — des pieds de Bretonne en un mot, — finement chaussés de souliers de cuir aux grandes boucles d'argent.

En entrant dans la ferme, le vieux Loëiz regarda la tante avec un clignement d'œil singulier. Celle-ci comprit sans doute, car elle se contenta de crier : « Bonjour! » sans quitter son occupation.

Yannik se sentait seul et isolé....

A cet instant qui, comme il l'avait dit au bonhomme Créach, devait décider de son bonheur ici-bas, il eût voulu retourner en arrière, attendre encore; mais le pas suprême était franchi : il ne pouvait plus reculer.

Il craignait tant!

(1) Corsage.

Au bruit de ses pas, Marianna releva la tête et le salua d'un doux sourire. Alors il reprit courage et vint s'asseoir près de la fenêtre, en face de la jeune fille dont la table le séparait seule.

Il se fit un moment de silence gros de trouble et d'embarras. Enfin Yannik prit une résolution suprême.

— Ma cousine, dit-il, je ne sais pas arrimer de belles phrases comme un avocat ou un commissaire aux *revues*, c'est à peine si je puis exprimer les sentiments qui débordent de mon cœur.... Qu'importe!... vous êtes si bonne, si charitable, que si mes paroles vous affligent, vous me les pardonnerez, j'en suis sûr.... Voilà pourquoi j'ose parler....

Marianna ne répondit pas : elle courba davantage la tête; son aiguille courait dans la grosse toile qu'elle cousait, avec une vivacité toujours croissante.

Plus loin, arrêté devant une grossière lithographie, Guéguen, avec un sérieux imperturbable, se faisait raconter l'histoire de *Geneviève de Brabant*.

— Je ne me fais pas meilleur qu'un autre, continua Goulven encouragé par le silence de la jeune fille; mais, jusqu'à présent, ma conduite a été droite et exempte de blâme; ma main, toujours ouverte au pauvre comme au riche, peut se tendre et s'accepter sans honte. Pauvre matelot, sans conseil, sans famille, si j'ai failli quelquefois, le bon Dieu, toujours indulgent, me pardonnera....

Le silence persistait.... Marianna, elle, la tète toujours impitoyablement baissée, semblait ne pas entendre; mais, aux tressaillements de sa main, à la rougeur qui, depuis quelques instants, avait envahi son front, il était facile de voir qu'elle n'était pas sans comprendre ce que voulait dire Yannik.

— C'est alors, continuait Loëiz à l'autre bout de la salle; c'est alors que le traître Golo résolut de perdre Geneviève dont la douceur et la piété lui faisaient ombrage....

— Un amiral qui n'était pas commode, l'ancien! interrompit Guéguen. Moi, si j'avais été à la place de la princesse, j'aurais dit à mes lascars: « Amarrez-moi ce particulier dans son hamac... et à l'eau! »

— Tenez, Marianna, reprit Yannik, je crois qu'il vaut mieux dire franchement la vérité que de louvoyer dans les bas-fonds, comme je le fais depuis une heure. Je vous aime, Marianna, j'ai parlé à notre oncle, et il m'a fait espérer que vous ne me repousseriez pas.... Oh! Marianna, je ne vous demande pas un oui formel.... Je vais partir...

dites-moi seulement d'attendre, et ce mot, en me conservant l'espoir, m'encouragera à persévérer dans la nouvelle voie que je me suis tracée... à revenir digne de vous....

Il y eut encore un moment de silence pendant lequel on entendit le tic-tac monotone de la vieille horloge et la voix tranquille du bonhomme Créach détaillant avec un art savant les scélératesses indignes du perfide Golo.

— Vous ne me répondez pas, Marianna!... reprit le jeune homme ému jusqu'au fond de l'âme. Oh! pardonnez-moi, je ne voulais pas vous affliger....

Alors, lentement, elle releva son front rougissant et regarda son cousin bien en face; puis elle murmura, en cachant son visage dans le sein de la tante Créach qui s'était rapprochée :

— Parlez à nos bons parents, et... s'ils disent *oui*, j'obéirai....

— Obéir, Marianna!...

— J'accepterai... répondit-elle avec un sourire qui la rendit encore plus belle.

— Mon Dieu! murmura Yannik avec effusion. Oh! c'est trop de bonheur!...

— Voilà une parole qui peut passer pour un aveu, dit en même temps la tante Créach. Allons, Yannik, relève la tête, que ton bonheur ne t'étouffe pas. Tu vois que Dieu a béni tes efforts ; ce que l'on fait pour lui, enfant, n'est jamais perdu.

— Et nous aurons une noce, acheva gaiement Guéguen qui avait remis à une autre fois la suite de l'histoire de l'infortunée Geneviève de Brabant.

Ils étaient là, tous cinq, assis à la même table, savourant pour ainsi dire leur bonheur à longs traits. Enfin, il fut convenu que Marianna attendrait son cousin et que le mariage se ferait au retour de l'*Eclair*.

— Trois années qui vont me paraître trois siècles! fit Yannik avec un sourire mélancolique.

— Non, mon enfant, interrompit la voix grave du vieux Loëiz; car l'*espérance* sera du voyage, car la sagesse est à ceux qui savent attendre.... Tu vas partir, mais nous penserons à toi, mais ton souvenir ne nous quittera pas.... Toi, de ton côté, ne néglige aucun de tes devoirs ; prie, attends, espère, et Dieu fera le reste.

— Vous avez raison, mon oncle. D'ailleurs, je ne suis pas encore digne d'*elle*. Je suivais une mauvaise voie quand Dieu l'a envoyée à moi comme un ange sauveur. Mais ne craignez plus, le temps des folies est passé maintenant, et, si près que je sois de faiblir, je penserai à elle, et, de loin comme de près, *elle* sera ma sauvegarde, mon égide toute puissante.

Une heure après cette conversation, les deux matelots quittaient le *Toul-Du*. Arrivé à Guipavas, Yannik, au lieu de poursuivre son chemin, traversa lentement le petit cimetière, poussa la porte de l'église et s'enfonça sous les voûtes sombres et encore imprégnées de l'encens des sacrifices.

Le temps s'écoulait, et, agenouillé au pied de l'autel, Yannik priait toujours. Si près du bonheur, si près de ce but qui était celui où tendaient tous ses efforts, il éprouvait le besoin de remercier le Seigneur, de le conjurer de ne pas le lui ravir.

Cette prière devait-elle être exaucée?

C'est ce que nous verrons dans les chapitres suivants.

VI

Trois ans après.

Par un jour de décembre, trois ans après les événements rapportés plus haut, la patache qui faisait le service de Brest à Landerneau, s'arrêtait à Gnipavas, juste en face de la recette des postes.

Il pouvait être quatre heures.

Au nombre des personnes qui en descendirent, étaient deux hommes portant le grand col bleu orné de petits liserés blancs, la vareuse et le berret du matelot. Seulement, un détail frappa les braves paysans accourus au-devant de la voiture : le plus jeune de nos deux marins, celui qui étalait sur sa manche le double galon rouge du quartier-maître, avait une jambe de bois.

L'autre était un vénérable second maître, long comme une perche, sec comme un morceau d'amadou. Quoiqu'il fût âgé de trente ans au plus, son visage, basané par le soleil d'un autre hémisphère, se creusait de plis profonds; sa barbe et ses cheveux grisonnaient déjà.

Ils s'étaient arrêtés au milieu de la route, contemplant avec cette curiosité un peu émue de ceux qui ont passé de longues années loin du pays, le village, qui, à peu d'exceptions près, offrait le même aspect qu'autrefois.

— Quipavas est toujours le même; moi seul ai changé!... murmura le jeune quartier-maître en frappant de sa canne l'extrémité de sa jambe de bois.

— Allons, vas-tu te chavirer l'entendement pour des misères? interrompit l'autre avec une brusquerie amicale. Prends ta gaffe et pousse au large, j'ai mon idée.

— Et moi la mienne.

En disant ces derniers mots, le jeune quartier-maître hocha tristement la tête, et, appuyé sur le bras de son ami, continua sa route dans la direction du *Toul-Du*.

— Encore un pauvre diable qui revient au pays estropié pour le restant de ses jours, faisait-on sur le pas des portes, où, malgré le froid, la curiosité attirait les commères.

— Mais je ne me trompe pas, s'écria tout à coup le maréchal-ferrant, c'est bien le petit Yannik Goulven qui passait si fier, il y a trois ans, sa cousine à son bras.

— C'est, ma foi, vrai....

— Pauvre garçon !...

Et tous en chœur :

— Que va-t-il se passer au *Toul-Du ?*...

C'est, en effet, Yannik Goulven que nous retrouvons en compagnie de son fidèle matelot sur la vieille route du *Toul-Du*.

La journée était belle, quoiqu'un froid piquant, rendu plus vif encore par le voisinage de la mer, se fît sentir. Les ombres de la nuit envahissaient une partie du ciel, tandis qu'au couchant enflammé le soleil dessinait mille sites, mille paysages fantastiques. Aux branches des taillis, aux aiguilles des pins la gelée suspendait de longs cordons de stalactites brillants que la bise agitait avec un bruit sec et cassant.

Goulven marchait lentement, s'arrêtant fréquemment, ému, inquiet, agité par mille sentiments qu'il ne pouvait définir.

Que de doux et poétiques souvenirs lui rappelait ce site ! Combien de fois il avait franchi cette longue route où chaque borne, chaque arbre des fossés, chaque croix des carrefours lui apparaissaient comme de vieilles connaissances ! Combien de fois, enfin, il était accouru, le pied leste, le cœur joyeux, riche de bonheur et d'espérance !... Tandis que maintenant....

Il soupira profondément.

— Tiens, matelot, dit-il brusquement, je ne sais pas ce qui se passe en moi ; mais plus j'avance, plus je sens mon cœur battre et tressaillir.... Je voudrais reculer, je ne le puis.... On dirait qu'une impulsion secrète me pousse en dépit de moi-même.... Pourtant je souffre....

Guéguen haussa les épaules.

— Fadaises ! dit-il. Pourquoi es-tu venu alors ?

— Pourquoi ?... Parce que, avant de quitter le pays pour toujours peut-être, j'ai voulu *la* revoir, *la* dégager de la parole qui *l'a* liée à moi....

Parce que j'ai voulu embrasser mes vieux parents une dernière fois.... Oh! ne souris pas ainsi, Guéguen; résigné au sacrifice, j'en aurai le courage; oui, l'Etat me doit une place aux Invalides; c'est là que j'irai.

— Ce n'est pas le fond de ta pensée?

— Devant Dieu, qui nous voit, j'ai dit vrai.

Guéguen ébaucha un sourire, qui lui fendit la bouche jusqu'aux oreilles, et murmura entre ses dents plusieurs phrases hachées dont Yannik ne comprit pas le sens :

— La mer est belle, la brise adonne; prends ta gaffe et pousse au large! — Déhale-toi d'là si tu peux! — Qui vivra verra.... Nous allons bien rire!...

Ils étaient arrivés devant la ferme du *Toul-Du*. La nuit était tout à fait venue, froide et transparente, une vraie nuit d'hiver.

Du fond de sa niche, Fidèle fit entendre un long aboiement de joie.

— Allons, murmura Yannik qui passa brusquement la manche de sa vareuse sur ses yeux rougis, il le faut!...

Et il heurta la porte du bout de sa canne.

. . . .

Ce soir-là, le vieux Loëiz Créach, assis sous le manteau de la cheminée où brûlait un bon feu, fumait sa courte pipe en réfléchissant profondément. Marianna cousait près de la fenêtre, et la tante filait du lin tout en surveillant Soazic qui préparait le souper.

Fanche, accroupi dans un coin, examinait le licol du bidet.

Tous les visages étaient tristes et préoccupés. Depuis trois ans qu'il était parti, c'est à peine si, à de rares intervalles, des nouvelles du jeune marin étaient parvenues au *Toul-Du;* puis, brusquement, elles avaient cessé.

Marianna seule paraissait plus calme. Avant de s'embarquer, après la dernière messe célébrée en son intention, Yannik avait dit : « Je reviendrai, » et elle avait foi en sa promesse.

— Eh bien, Loëiz, dit la tante Créach qui vit le bonhomme quitter sa pipe pour essuyer une larme, voilà encore vos idées noires qui vous reprennent. Ayez confiance : le Ciel, que nous avons tant prié, ne permettra pas qu'un malheur arrive.

— Dieu t'entende, femme ; mais la mer est traîtresse.... J'ai été partout, à l'*inscription* maritime, aux *revues*, aux *classes*, et partout on m'a fait la même réponse : « *L'Eclair* est attendu d'un moment à l'autre. » Pourquoi alors, s'il est en bonne santé, ne nous répond-il pas ?... Est-ce son cœur qui a changé ?...

— Oh! non, se récria Marianna avec une vivacité dont elle se repentit aussitôt; Yannik ne peut nous avoir oubliés.

— C'est vrai; vous avez raison toutes deux; moi seul suis fou de m'abandonner à de telles pensées....

C'était ainsi tous les soirs.

Au même instant un jappement joyeux suivi d'aboiements sonores retentit dans la nuit, et la porte de la maison trembla sous des coups précipités.

— Sainte Vierge! s'écria Marianna qui devint aussi blanche que sa collerette; si c'était lui!

— Va ouvrir, Fanche, dit le vieux Breton. Moi, je ne m'en sens pas la force.

Mais la tante Créach, plus prompte, s'était déjà élancée vers la porte. On entendit deux cris retentissants mêlés au bruit de baisers donnés et rendus.

— Ma tante!...

— Mon neveu!...

— Yannik!...

Et tous les bras se tendirent vers lui.

— Oui, fit la voix franche du jeune quartier-maître qui répondait avec effusion à ces douces caresses, Yannik qui vous revient un peu détérioré dans des œuvres vives, mais complet de cœur et d'esprit.

Alors seulement on remarqua qu'il portait une jambe de bois.

— Infirme! murmura Loëiz; infirme! Oh! le pauvre enfant....

Une larme trembla sous les longs cils de la jeune fille.

— Mon Dieu, murmura-t-elle en joignant les mains, que vos desseins s'accomplissent!...

Cependant un escabeau avait été rapproché du foyer, et Yannik, débarrassé de sa canne et du tube en fer-blanc contenant son congé, se vit bientôt installé devant les flammes claires et pétillantes entre sa tante et sa cousine.

Guéguen, Loëiz et les domestiques, groupés de l'autre côté de la cheminée, gardaient un silence pénible.

Alors le jeune homme releva son front un instant courbé et reprit avec un sourire triste et résigné :

— Mes bons parents, ne vous affligez pas trop de la détermination que j'ai prise, mais, en conscience, je ne pouvais agir autrement.... Je viens vous faire mes adieux....

— Vous partez?... interrogea Marianna avec un accent fébrile.

— Je le dois.

Ces mots tombèrent avec effort des lèvres du jeune quartier-maître. Il était pâle et agité; mais, dans ses grands yeux, brillait toute l'énergie de sa résolution.

— Et ces beaux projets d'autrefois?... Et ta cousine?... Tu as tout oublié?...

— Oh! mon oncle, n'achevez pas de me briser le cœur.... Non, je n'ai rien oublié; mais ma vie est à jamais brisée!... Etre infirme et incapable désormais de me suffire à moi-même, dois-je associer à ma misère celle que j'avais juré d'aimer, de protéger?... Non je ne le dois pas....

» Ne pleurez pas, Marianna; j'aurai pour vous toute l'affection d'un frère dévoué... et peut-être, un jour, il se trouvera un autre qui sera pour vous ce que... j'aurais été si Dieu l'avait voulu.

Et ensevelissant sa tête dans ses deux mains, il pleura silencieusement.

Tous les spectateurs de cette scène poignante attendaient, anxieux, émus, comme si de la réponse de la jeune fille dépendait leur perte ou leur salut.

Guégoen, lui, tortillait son bonnet de laine entre ses doigts épais en murmurant :

— Tonnerre de Brest! nous allons bien rire tout à l'heure....

— Et si je n'acceptais pas, moi? dit Marianna avec résolution. Vous parlez de Dieu, Yannik; que dirait-il si je me parjurais? Croyez-vous donc que mon cœur ait changé? Qu'à cette heure où, triste et souffrant, vous avez besoin de soins et de consolations, je vous oublierais, je vous délaisserais pour un autre? Oh! Yannik, j'attendais mieux de votre cœur!...

— Marianna! murmura le pauvre garçon qui sentait son cœur tressaillir à la fois de crainte et d'espérance, de grâce, taisez-vous!...

Mais la jeune fille continua comme si elle n'avait rien entendu :

— Faut-il vous repousser maintenant?... Non, Yannik; car si je le faisais, je deviendrais méprisable à mes propres yeux.

— Mon Dieu, murmura Yannik qui leva sur la jeune fille un long regard chargé d'espérance et d'amour; vous saviez pourtant que je ne voulais pas accepter ce sacrifice....

Guéguen se frottait les mains avec satisfaction.

— Hein! fit-il à Yannik, que te disais-je tantôt?

Et Loëiz ajouta en prenant la main du jeune homme qu'il mit dans celle de Marianna :

— Celle-ci est ta femme, Yannik. Aime-la, respecte-la dans les bons comme dans les mauvais jours, et, une autre fois, enfant, ne doute jamais de Dieu ni de ses anges.

— *Amen !* répondirent les assistants.

VII

Deux conteurs.

Un profond silence régnait maintenant dans la grande salle du *Toul-Du*.

C'était après le repas, repas aussi gai, aussi copieux que la situation l'exigeait. Fanche avait jeté d'immenses brassées de lande sèche dans la grande cheminée, et la flamme montait claire et pétillante, pleine d'étincelles et de magie.

On se taisait, disions-nous. Pourtant chacun avait hâte de connaître les aventures du jeune matelot.

Celui-ci le comprit.

— Allons, dit-il en se baissant devant le foyer et prenant dans sa main goudronnée un charbon incandescent qu'il posa sur le fourneau de sa pipe, je vois que vous grillez de savoir comment j'ai perdu ma quille. Ecoutez donc.

Et, après avoir humé quelques bouffées de tabac, il recueillit ses souvenirs et reprit au bout d'un moment.

— Vous savez sans doute que *l'Eclair* stationnait dans les mers des Antilles, comme qui dirait dans les parages de la Martinique. Jolie station! C'était du commencement à la fin un véritable voyage d'agrément : beau temps, belle mer, à peine un petit coup de tangage vers ci vers là comme pour contenter tous les goûts.

» Les matelots n'avaient qu'à fumer force pipes en regardant dans la mer bleue, histoire de songer un brin aux *promises* qui attendent là-bas en comptant les jours.

» Donc la campagne touchait à sa fin. Chacun, à bord, depuis le plus vieux gabier jusqu'au dernier des moussaillons, faisait ses comptes en se frottant la paume des mains. Trois ans de campagne presque entiers à toucher, sauf la *délègue* (1) payée comme de juste à la famille. Fallait ouvrir les *écubiers !...*

» Que d'argent! que de noces à terre! que de

(1) Retenue faite sur la solde des matelots et payée tous les trois mois à la famille, sous le nom de *délégation* — d'où vient l'abréviation *délégué*, plus communément employée — ou de *mois de famille*.

robes neuves pour la vieille bonne femme de mère, les petites sœurs; de croix, de bagues pour les *promises* au *pardon* du village!... Moi, je ne disais rien; mais je n'étais pas le moins heureux. Je pensais à vous, Marianna, et j'avais la conscience d'avoir rempli tous mes devoirs de matelot et de chrétien, de revenir digne de vous, comme je vous l'avais promis.

» Enfin, l'ordre de rallier le port arrive. La corvette, penchée sous sa blanche voilure que gonfle la brise, largue sa dernière amarre et pique du nez dans la lame. Le temps, si favorable au début, menaçait de s'avarier sérieusement; mais les vrais matelots se réjouissaient: cette brise, ouragan ou tempête, ne nous poussait-elle pas vers les rives de la patrie? On irait plus vite, voilà tout!

» Seul, le capitaine faisait un brin la grimace et se pinçait le bout du nez du soir au matin. C'était un vieux loup de mer qui en aurait remontré à un amiral. Aussi les anciens matelots commençaient à prendre modèle sur lui, les chiques naviguaient alternativement de tribord à babord, et Guéguen, quand un moussaillon lui demandait: « Comment qu' ça roule? » Guéguen lui-même répondait: « Trop bien! »

» On prévoyait une tempête soignée....

— Une tempête! interrompit Guéguen avec une

nuance de suprême dédain dans la voix ; dis plutôt un grain sans te *vesquer*.

» Parbleu ! le fait est consigné dans le livre de loch de ma mémoire. C'était le dixième jour après notre départ ; les hommes, rassemblés autour des *bailles* (1), se dépêchaient de se lester la cale en commençant par la viande et le quart de vin, et réservant la soupe pour le dessert (2). Vous allez voir qu'ils avaient raison, les lascars ! Nous sentions les planches de la batterie trembler et se dérober sous nous comme une véritable balançoire. Fallait veiller au grain, et bien des types, qui croyaient sérieusement avaler leur quart de vin, le répandaient sur le pont, sans doute pour faire pousser des champignons !...

» — Bon, que j'me dis en faisant comme les autres, nous allons danser sur une drôle de musique !

» — Tout l'monde sur le pont !... qu'on crie aussitôt.

» En un clin d'œil la batterie fut déserte.

» Quelle nuit ! les lames se soulevaient hautes et panachées d'écume, et la corvette donnait de la bande, fallait voir ça ! Le vent agitait le peu de

(1) Les matelots mangent en commun dans de grandes gamelles de bois qu'ils appellent *bailles*.

(2) C'est l'habitude des matelots à la mer.

toile que nous conservions encore; les cordages, violemment secoués, vibraient et se plaignaient comme des âmes en peine implorant des prières; on pouvait à peine se tenir debout quoique cramponné aux manœuvres.

» Cependant, si peu de toile que nous avions, nous en portions trop encore. « Ferle!... ferle tout! » Baste! comment saisir ces chiffons que la tempête tord et agite en tous sens? Ceux qui étaient montés dans les hunes en descendirent bientôt....

» Il faisait un drôle de temps là-haut!...

» Et la nuit qui venait aussi noire qu'une soute à charbon! Pas de lune, pas une seule étoile; mais, du sommet de chaque vague, à chaque oscillation du navire, partaient des éclairs phosphorescents, sinistres comme ces lueurs que l'on voit, la nuit, danser dans les cimetières....

— Chacun était à son poste, continua Yannik pendant que Guéguen rallumait sa pipe, chacun faisait son devoir. Tout à coup, au milieu des clameurs affreuses de l'ouragan, un grand bruit retentit qui fait gémir les couples disloqués du pauvre navire : le mât de misaine venait de se rompre au ras du pont, écrasant sous son énorme masse les trois timoniers cramponnés à la roue du gouvernail.

» J'étais au nombre de ces malheureux....

Un cri d'effroi jaillit de toutes les poitrines, puis le silence se fit de nouveau.

Aux dernières paroles du jeune marin, le vieux Loëiz s'était redressé, pâle, tremblant, le front couvert d'une sueur glacée. La tante priait. Et Marianna, la vaillante jeune fille, s'était précipitée près de son *promis*, sa main dans la sienne, comme si cette douce étreinte eût pu le protéger.

— Pourquoi n'ai-je pas péri comme les autres, continua Yannik après une longue pause, pourquoi en ai-je été quitte pour une jambe prise sous cette horrible masse, quand mes deux compagnons gisaient à mes côtés, broyés, écrasés?... C'est peut-être à vos prières que je dois ce bonheur, Marianna.

» Quand je rouvris les yeux, j'étais étendu sur un cadre dans l'infirmerie de la corvette. Il faisait grand jour ; les oscillations du navire étaient fortes et menaçantes encore, mais tout danger était passé.

» Vingt-quatre heures s'étaient écoulées depuis le fatal événement. Frappé comme les autres, mutilé, couvert de sang, on m'avait cru mort. Il fallait débarrasser le pont, les cadavres gênaient les vivants.

» — A la mer les cadavres!...

» Déjà deux matelots me saisissaient dans leurs bras robustes; une minute de plus, et les flots devenaient ma sépulture....

» Mais Guéguen se rapprocha ; il savait que je portais sous mes habits une petite médaille de Notre-Dame de Rumengol, qui me venait de ma mère. C'était mon seul héritage ; il vous appartenait, Marianna.

« Soudain Guéguen poussa un cri : je vivais ; il avait senti les battements de mon cœur.

» Oh! qu'elle soit bénie cette chère relique! Sans elle, l'erreur s'accomplissait ; sans elle, tout était fini pour moi.

» Voilà pourquoi, après un évanouissement prolongé, je me réveillai couché dans un des cadres de l'infirmerie.

» Un homme était près de moi, me contemplant avec cette tendresse inquiète d'un père penché au chevet de son enfant. Je voulus lui tendre la main : une douleur immense m'arracha un cri ; pour la première fois, je sentais ma blessure.

» — Du calme! me dit Guéguen — car c'était lui, ce brave matelot ; — je crois que tout navigue en douceur.

» Je répondis par un nouveau gémissement.

Lui, il contemplait les poutrelles du plafond en tortillant son berret d'un air embarrassé.

» — Yannik, mon vieux matelot, dit-il enfin comme prenant une résolution énergique, tiens-tu beaucoup à tes deux quilles?

» — Quelle idée, matelot!...

» — Mais tu tiens encore plus à ta vieille carcasse....

» Un éclair rapide traversa mon esprit, et je compris tout. Pendant trois minutes qui me parurent trois siècles, je restai anéanti, murmurant ce seul mot : « amputé! »

» Oh! Marianna, que Dieu me pardonne; mais, à cette heure, je crus qu'il valait mieux mourir... Amputé! c'est-à-dire renoncer à cet avenir que j'avais rêvé si doux! renoncer à cette profession qui me paraissait la plus noble, la plus belle! renoncer à vous, Marianna!... Ce fut un moment terrible. Mais je me rappelai que Dieu défend de se laisser mourir, et je m'abandonnai à sa sainte volonté.

» — Mon Dieu, murmurai-je, c'est un bien douloureux sacrifice que vous exigez de moi!... Ah! pourquoi n'ai-je pas péri sur le coup?... Pourtant, que votre volonté s'accomplisse, et non la mienne.

» — Bah! répliqua Guéguen affectant l'insousiance, sais-tu seulement quel avenir il te réserve?

» Je secouai tristement la tête et ne répondis pas.

» Déjà ma résolution était prise, Marianna; déjà j'avais compris que, pauvre, estropié, sans avenir, je n'avais plus droit aux promesses que vous m'aviez faites, alors que j'étais rayonnant de force et de jeunesse, alors que l'avenir radieux s'ouvrait tout grand devant mes pas.... Ces scrupules qui me faisaient souhaiter de m'éloigner de vous, je vous les ai avoués, Marianna, et maintenant, j'hésite encore : le devoir de l'homme n'est-il pas de protéger?...

— Et celui de la femme, répondit Marianna qui se tourna vers lui avec un sourire rayonnant, est enfermé tout entier dans ces trois mots dictés par Dieu lui-même : Se dévouer, aimer, consoler.

VIII

Conclusion.

Pour conclure une histoire aussi simple que celle-ci, quelques mots suffiront.

Quatre mois après l'arrivée d'Yannik, par une belle matinée d'avril tout ensoleillée, tout embaumée des premières senteurs printanières, le vieux curé de Guipavas consacrait l'union du pauvre matelot avec la pupille de Loëiz.

Dieu, comme disait la tante Créach, qui avait abreuvé leurs jeunes ans de tant d'afflictions, Dieu leur devait bien ce suprême bonheur. . .

. . . .

Et maintenant, si on me demande ce que sont devenus les héros de cette simple mais véridique histoire, je répondrai que les jours de bonheur ne valent pas la peine d'être retracés.

Yannik et sa douce compagne vivent encore aujourd'hui; ils ont remplacé, dans l'exploitation du *Toul-Du*, l'oncle Loëiz et la tante Créach qui, eux, ont payé leur dette à la nature ; mais si le vide s'est fait d'un côté, de l'autre trois chérubins, pieux comme leur mère, mais hardis et entreprenants comme leur père, sont bien vite venus le combler.

Souvent, aujourd'hui encore, on voit Yannik que sa jambe de bois n'empêche pas de travailler, courir au marché de Brest dans sa carriole pour y apporter les produits de sa ferme, et, comme ces excursions ne se font guère qu'une fois par mois, il est rare que la carriole n'apporte pas au retour un grand et sec maître de timonerie, qui, malgré son galon d'or, ne dédaigne pas de s'étaler sur les bottes de paille, et de fumer tranquillement sa courte pipe en compagnie de celui qu'il appelle *son matelot.*

On a reconnu Guéguen. Comme il le disait jadis, bien que la fortune lui ait souri, il ne s'est pas marié; sa seule ambition est d'obtenir sa retraite et de venir planter ses choux auprès de son ancien matelot.

FIN

TABLE

— Lille. Typ. J. Lefort. 1881. —

— Lille. Typ. J. Lefort —

www.ingramcontent.com/pod-product-compliance
Lightning Source LLC
LaVergne TN
LVHW020043170826
845678LV00001B/397

9782329687605